VOJTECH KONDRÓT

POÉZIA
TATIER

JOSEF SEKAL

Foto: Josef Sekal

Texty: Vojtech Kondrót

Grafická úprava: František Obešlo

Preklady resumé: Larysa Molnárová (ruština)
Mária Jakubičková (nemčina)
PhDr. Ladislav Kubiš (angličtina)
Alžbeta Nádaská (maďarčina)
Zdzislaw Marcinów (poľština)
PhDr. Irena Liščáková (francúzština)

ISBN   80-226-0002-4

POÉZIA TATIER

Jedny z prvých tatranských (slovenských) zážitkov pražského fotografa Josefa Sekala vtedy (v roku 1953) sedemnásťročného študenta zo severných Čiech? „Po túre vo veľkom lejaku sme si sušili nad ohňom v opustenej kolibe baganče. Od únavy sme zaspali a zobudil nás až zápach priškvarenej kože. Potom sme šli bosí Kamenistou dolinou. Pravých hríbov sme mali plné košele; nestretávali sme sa s turistami, zato so zverou a bohatou kvetenou... Levoča. Autobusová stanica na námestí. Autobus vzadu s rebríkom – ideálna príležitosť pripevniť naň fotoaparát s natiahnutou samospúšťou. Výsledok: my stojíme, samospúšť vrčí, autobus s aparátom odchádza. Boli sme však mladí, vytrénovaní športovci, autobus sme predbehli a zastavili..."

No a potom Josef Sekal chodil na Rysy s baterkou, aby tam bol pred východom slnka a mohol „zachytiť" tieň Vysokých Tatier na Tatrách Nízkych. Bivakoval na vrchole Kriváňa – vo fujavici a v daždi, neraz sa bez jediného záberu spúšťal v hmle dolu. Tri roky chodil Furkotskou dolinou na Sedielkovú kopu na lov „Indiána" – vyfotografovať Kriváň, keď pripomína hlavu ležiaceho Indiána: a to býva len v určitej ročnej a dennej dobe, za istého osvetlenia a s potrebným množstvom zvyškov snehu na „tvári" orámovanej tieňom na Jamskej kope v doline Suchej vody...

Neskôr vodil do Tatier turistické výpravy z Prahy. V súčasnosti je sezónnym strážcom TANAP-u číslo 414 so zameraním na nemecky hovoriacich turistov...

Aj Vojtech Kondrót, autor textov tejto knihy, má k Tatrám svojský, osobitný celoživotný vzťah. (Chtiac-nechtiac sú potencionálnym inšpiračným zdrojom každého slovenského básnika.) I keď v nich spočiatku hľadal predovšetkým svoju žitnoostrovnú rovinu, rovinu stola, rovinu rodinného stola...

Prvý rok života som prežil v Lysej Poľane, na slovensko-poľskej hranici – pár metrov od pohraničnej riečky Biela voda, pri vyústení Bielovodskej doliny, najväčšej doliny na severe Vysokých Tatier, ako syn financa-colníka. Aj preto sa sem (a do Tatier vôbec) stále vraciam, i keď už viem, že zmysel týchto návratov nie je ani tak v nachádzaní – ako skôr v hľadaní, teda v opätovnom nenachádzaní. A tak dookola... lebo Tatry sa nedajú celkom obsiahnuť ani za jeden celý ľudský život – ani očami, ani srdcom, ani fotografiou, ani slovom! Takže aj táto kniha ostáva otvorená. Každý si ju môže dotvárať sám...

Obrazových publikácií a fotografických kníh o Tatrách je nespočetne veľa. Nemálo bolo aj pokusov o „poetické" videnie a stvárnenie našich veľhôr. Myslím si však, že kniha, ktorú práve otvárate, je predsa len iná, svojská, osobitá. V tejto knihe chýbajú sprievodcovské, popisné texty, potlačená je faktografickosť, zdôrazňuje sa poeticko-optický dojem. Nerobí si nárok na úplnosť a súhrnnú informovanosť.

Josef Sekal píše fotografické básne, exponuje básnické fotografie. Jeho základným autorským zámerom je netradičnosť, nepopisnosť – zjavná (a úspešná) snaha o zachytenie nefalšovanej skrytej poetickosti zobrazovaného objektu – Tatier. Svoj vzťah k nim lapidárne definuje takto: „Tatry sú pre mňa magnetom, ktorý ma priťahuje už 35 rokov zo vzdialenosti 600 kilometrov."

Hory

Pripomeňme si najprv, že Tatry — najvyššie horstvo Karpatského oblúka — sa delia na Západné a Východné. Východné Tatry tvoria Vysoké Tatry a Belianske Tatry. Ako sme sa ďalej dozvedeli z učebnice zemepisu — na ploche 260 kilometrov štvorcových sa tiahne od Ľaliového sedla na západe po Kopské sedlo na východe 26 kilometrov dlhý hlavný hrebeň Vysokých Tatier. Najväčšia šírka pohoria v smere sever—juh je 17 kilometrov. Najvyšší, Gerlachovský štít meria 2 655 metrov. Z čoho sú? Hlavne zo žuly, čiastočne aj z kryštalických bridlíc a vápencov. Vznikli v prvohorách, prešli mnohými zmenami, najmä počas treťohorného vrásnenia...

Ako sedemnásť-osemnásťročný študent som si z celých Tatier zapamätal jeden kameň: holý balvan bez mena. Pravdaže, aj to predovšetkým vďaka nej — neznámej! Nikdy by som nebol veril, že je krása — nebyť teba! Kiež by si takto povzdychol opäť ktosi sedemnásť-osemnásťročný, kiež by si takto zapamätal „svoj" kameň, holý balvan bez mena — a doň neviditeľne vrytú svoju definíciu krásy, svoj vzorec pravdy!

Vysoké Tatry svojou tajuplnosťou oddávna lákali, i keď ľakali (a či naopak ľakali, i keď lákali) rôznych ľudí. Pytliakov a poľovníkov, zberačov liečivých rastlín, hľadačov pokladov a zlatokopov, geografov, bádateľov... dnes horolezcov, lyžiarov, turistov, rekreantov — päť miliónov návštevníkov ročne. Ide len o to, aby sme neboli pytliakmi vo svojom vlastnom revíri... Ide len o to, uvedomiť si, čo hory dávajú nám — a čo my (berieme) im.

Hory ako útočisko odbojníkov a rebelov, hory ako záštita spravodlivosti. Hovoria o tom tatranské legendy a povesti, pripomínajú to aj „zbojnícke" názvy štítov, pomenovania chát. V histórii dávnejšej i nedávnejšej. Svedčia o tom podnes živé podtatranské partizánske piesne, svedčí o tom bunker pod Kriváňom, svedčia o tom pamätné tabule...

Kde inde než vo Vysokých a Nízkych Tatrách, ale i v oboch Fatrách či v Malých Karpatoch (hneď kúsok nad Bratislavou) si môžeme pripomenúť „školské" verše z Hviezdoslavovej Hájnikovej ženy: *Len okamih tam pobudnutia: / už mŕtvie bôľ, už slabnú putá, / zrak čistí sa, tlak voľneje... / * Aké dôležité je ich aktuálne posolstvo (a jeho skutočné fyzické naplnenie) práve dnes, pre nás, pre všetkých!

V novinách sa nezriedka môžeme dočítať, že „...včera svitol vo Vysokých Tatrách opäť jeden z tých náramne nádherných dní, keď si človek zaujúka, ako je krásne na svete." Áno, sú dni, keď obloha — tá modrá veľryba s bielymi plutvami — v drieku sa prehýba, lomí sa nad nami. Ale sú aj iné dni — ba deň škaredý sa strieda s dňom pekným často v priebehu toho istého dňa.

Hory si žiadajú svoje — tu sa aj v lete nosia len zimné topánky, tu nezriedka už od rána je večer. (Čo znesieš ráno na rovine, to nevydržíš večer v horách!)

Hory — ale bez ujúkania; bez onej nedeľnosti, sviatočnosti, okázalosti, ktorú v nás vyvolávajú zdola, zdiaľky. Hory zblízka — ten pocit každodennej driny; čo na tom, že krásnej driny? Alebo možno práve naopak: tá krásna drina je oným hmotne nehmotným fluidom, čo ľudí omamuje, čo k nim ľudí od nepamäti priťahuje. Lákajúc ľakajú, ľakajúc lákajú... Dávajú — ako dávali tým pred nami, ako budú dávať tým po nás: nezištne! A práve preto sa nerozpakujme zopakovať ešte raz: ide len o to, aby sme neboli pytliakmi vo vlastnom revíri...

Tie štíty ducha / na ktoré / už nevylezieš

Doliny srdca / do ktorých / už nezostúpiš

Kto prvý prešliapaval chodník
kto po ňom pôjde posledný?

5

Krajina plná ľudí / i keď ich nevidno

14

Tiene oblakov sa plazia v rojnici po ohryzenej tráve
ktorá je len dokonalým maskovaním nahosti zeme
Veveričí vietor skáče po vrchovcoch neviditeľnými tlapkami

Snehové háďatá a hadíky a hady

sípavo plaziace sa do údolia

Tu nezablúdiš / zídeš do druhej doliny / akoby si len vošiel do vedľajšej izby —/ ale stále si doma

Vlní sa vôňa / slnečného ohňa

Ihlany štítov / kužele smrekov — / v tom podvečernom kosouhlom premietaní

Belasosť: rieka — most
Pre radosť miesta dosť
Na kondenzačnej retiazke
plechový krížik lietadla

48

Stáť ako štíty — / žiť bez záštity

Oblaky vrchov / vrchy oblakov

Tá metafora skorá — ako deň zhora klesá
obrazy hôr sa noria do stemneného plesa

Mozaika

Samotár — kamzík (otec?) na Jahňacom štíte (myslí na iné) a matka s mláďatom sa pasie nad chodníkom v doline...

Kolobeh ľudí, zvierat, vecí, pojmov... Svist svišťov — neviditeľných policajtov. Kamzíky — nepolapiteľní zločinci... Od najväčšieho balvana po najtenšiu trávičku, po najdrobnejší kamienok. A všetko na svojom presne vymedzenom mieste, práve tam, kde to má byť! Všetko by malo ostať na svojom mieste — tak, ako ostáva len to základné, nevyhnutné, potrebné. Veď vlastne toho ani tak veľa nepotrebujeme, uvedomujeme si chtiac či nechtiac práve v Tatrách — v horách, kde má život akoby o čosi bližšie k smrti. To celodenné ticho v tebe, to, čo si nesieš (v sebe) so sebou pomaly, vytrvalo na vrchol... Možno, že je to rokmi, že onemievaš, že postačí ti chlieb, saláma a čaj — a výhľad na prejdenú cestu...

Tatry, krajina plná ľudí, i keď ich nevidno. Ale vidno to, čo po nich ostáva: kde sú tie časy, keď skoro ráno pod mostíkom v bystrine sa blýskali a tuhli na kov namiesto pfennigov a fillérov a halierov len mince kamienkov a okružliakov? (Tie vtáky zvonku čo preškrekocú aj sojčiu trojku!) Aj to patrí k mozaike Tatier: nemecké turistky plazia sa prískokmi (pomocou najdokonalejšej optiky) sfotografovať kamzíky, ignorujúce turistické chodníky. A horolezci na ne pokrikujú zhora a zháňajú ich ako čriedu oviec. O kúsok ďalej hrdzavé konzervy vo svištích norách. Bezcitne — o nervy — svištiaci vietor... Pozostatky našej doby...

Pozostatky z doby ľadovej: skalné morény, plesá, v tvrdej žule vybrúsené „obrie hrnce", ohniská...

Od lúk až po holé štíty! Európa v malom. Premenlivosť. Premenlivosť klímy. Počasia. Tri-štyri ročné obdobia odrazu nie sú zvláštnosťou. Odrazu všetky ročné obdobia: bez (letných) košieľ stúpame (snežnou) lúkou, spod ktorej prýštia (jarné) riavy — a v nás už padá lístie! Chvíľu sme v slncovej a chvíľu v tieňovej krajine — tak ako v rozprávke, tak ako v živote...

Vysoko skaly. Žiar slnečných pecí. Tu v mojom srdci blažené sú veci — ako by povedala maďarská poetka Ágnes Nemesová-Nagyová. Áno — veciam je najlepšie v srdci. Áno, vojsť do krajiny — a ak sa čohosi dotýkať, tak len očami; a ak si čosi odnášať, tak len pekné zážitky. Trebárs aj takto fotograficky zakonzervované. Áno: veciam je najlepšie v srdci — a v batohoch. Hrdzavé konzervy vo svištích norách do mozaiky Tatier nezapadnú nikdy! Súmračná báseň — slnečná báseň!

Pohľad na štíty (zdiaľky) a detailný záber kamienka, aj to je fotografická poézia Tatier. Zastaviť, zvečniť tok bystriny; predĺžiť krátke leto kvetu, dokonca nechať ho kvitnúť navždy — aj to vie fotografia, dobrá fotografia. (Kamzičník, poniklec, horská ľalia, horec luskáčovitý, horec bodkovaný, horec jarný, žltý či fialový šafran — všetko vzácne ako šafran!) Obloha — modrá od boha, to slnko svieti od nepamäti. Ó, stroj strojov: ľudské ruky! Starí chlapi kosia lúky. Tri kôpky sena pred oknami hájovne, reálny symbol rodiny — roviny, takej dôležitej práve v drsných podmienkach hôr. (Dva koníky, dve ovečky pasúce sa chrbátmi k sebe.)

Z celých Tatier
som si zapamätal
jeden kameň:

holý balvan bez mena

Nikdy by som nebol veril
že je krása Nebyť teba

Každý kamienok má mať svoje miesto
a má byť presne tam kde je

Túry

Ľudia. Ľudia z nížin v horách? Nechceme byť len sviatočnými turistami. Byť účastníkom, nielen pozorovateľom – áno, o to ide! Relatívnosť – a predsa porovnateľnosť. Každý máme „svoj štít", kdesi na hraniciach svojich schopností a síl. A práve pocit prekonávania samého seba je tým všeľudsky spoločným, totožným, spájajúcim, určujúcim, rozhodujúcim pocitom – v horách predovšetkým!

Pocity stúpajúcich? Myslia na zostup! Pocity zostupujúcich? Myslia na ďalší výstup! (Hore sa lezie ťažšie, dolu sa zlieza horšie.) Dialektika. Výstup sa nikdy nekončí na vrchole!(Chce sa ti skríknuť HURÁ – štít pohrozí ti päsťou: VYSOKOHORSKÁ TÚRA, NÁVRAT TOU ISTOU CESTOU!) Ľudia – ľudia z nížin v horách? Stotožnenie sa s pravekými pravidlami: nosič musí byť pánom svojho nákladu – musí byť nad ním (a len zdanlivo pod ním). Existujú isté pravidlá spolunažívania, po tisícročia sa opakujúce vo všetkých morálnych kódexoch. V horách viac než kdekoľvek inde je dôležité byť človekom, za všetkých okolností zostať človekom.

Kto prvý prešliapaval chodník, kto po ňom pôjde posledný? Na tom nezáleží – alebo naopak: veľmi záleží! Ako v známej slovenskej ľudovej rozprávke O troch grošoch. Keď sa kráľ pýta chudobného človeka, ako dokáže vyžiť z troch grošov, ten mu odpovedá: „Kdežeby z troch, len z jedného! Pretože jeden vraciam – svojmu otcovi, a jeden požičiavam – svojmu synovi."
Dostávať, požičiavať, vracať.

V horách to platí dvojnásobne. Na nebezpečných miestach bývajú do skál zakované reťaze – dôležitejšia je ale ľudská reťaz: to čo ja komusi dávam, to vráti on niekomu inému. A tak stále dookola – v horách každý deň všetko začína sa odznova. Krajina plná ľudí – i keď ich nevidno. Aj v horách je najhlavnejšia rovina: stôl na vrchole. Uvedomíš si, koľkí tu boli pred tebou, koľkí prídu po tebe.

Stáva sa – a neraz – že očami cudzinca nečakane prekvapujúco ostro uzrieme vlastne to zvláštne, pre nás všedné, každodenné. Pohľadom z roku 1924, očami maďarského klasika Árpáda Tótha, ktorý sa v Tatrách niekoľkokrát liečil, som z Malej studenej doliny uvidel, akoby po prvý raz, popradskú kotlinu: *Sám do údolia pozerám sa, / rovina a nič viac: / koryto z jedľového dreva / dlabané dlátom dávnych čias. / Dedinky krotko slovenské / sťa pecne ražných chlebov, / všetky sú mierne, okrúhle, / s chrumkavou kôrkou hnedou.*

A spolu so súčasným českým básnikom Karlom Sýsom som vystúpil až tam, *kde sa končí svet, / kam nevedú už linky horúce, drôt tenký, / kde na zrázoch sa sušia hviezdne plienky, / do ktorých močí iný, vášnivejší svet.* A na vlastné oči som sa presvedčil: *tu vybuchujú supernovy, / praskajú ľady, tečú kovy. / Horí aj čo máš na duši. / Pradávne krivdy, staré cnenia, / na tresky-plesky sa tu menia / a miesto vo vesmíre nájdu si.*

Ročne navštívi Tatry päť miliónov návštevníkov – teda akoby každý Slovák. A každý prichádza s inými predstavami o nich, a každý si odnáša dolu do života čosi iné, svojské, svojrázne neopakovateľné. (Vynášať hore svoje neistoty a dolu znášať cudzie istoty!) Áno, Tatry poznačia každého, poznačme ich aj my – pravdaže len pohľadmi, zážitkami; odnášajme si ich v sebe – celé, ale ani jeden kamienok z nich! (Áno, naučme sa chodiť po Tatrách ako po vlastnej izbe, a nie ako po ulici cudzieho mesta!) Odnášajme si v sebe poéziu týždňa či dvoch do zvyškovej celoročnej prózy života tam dolu. Odnášajme si v sebe Tatry. Učme sa od nich stáť ako štíty – žiť bez záštity! Tu ide každý sám za seba, tu musí každý (sám za seba) stúpať, dýchať a namáhať sa, nie, tu ťa nezastúpi iný! Tu každú cestu musíš prejsť znova, sám a celkom od začiatku... Ale to už nie je poézia, krása. To je filozofia, pravda Tatier.

Kniha sa zatvára, no – vraciam sa k úvodu – stále ostáva otvorená, každý si ju môže dotvárať sám...

Krajina očí —
krajina
v ktorej sa báseň
začína

V krajine srdca
zablúdi
kto chcel by ňou prejsť
bez ľudí

Z výstupu je najťažší zostup
Na jednom mieste
/ v určitom bode –
v určenom bode /
stretneš sa síce

sám so sebou vystupujúcim
ale nepoviete si ani slova
nepoznáte sa
ste si neznámi
ste si už celkom cudzí

Na túru majú chodiť
najmenej dvaja

Ráno sa rozdvojuješ
večer sa spájaš

Tu sa aj v lete nosia   /Čo znesieš ráno na rovine
len zimné topánky   to nevydržíš večer v horách/

93

Chvíľa
keď sa zvítaš
so známymi kosodrevinami

Horec ešte predtým
naleje ti
vodky na zahriatie

Orešnica
/z ničoho nič/
po susedsky rozreční sa

Stará limba
sa k nej pridá:
tá ťa chváli!

Vretenice
koreňov spia
zavrznuté medzi skaly

Tak ako chodiť po hore   učiť sa / znova / pokore

Tu každú cestu / musíš prejsť   znova / sám / a celkom od začiatku

Každý kamienok má mať svoje miesto
a má byť presne tam kde je
Naučiť ľudí
chodiť po horách

ako po cintoríne
ako po kobercoch cudzieho či vlastného bytu
ako po rodnom dvore —
tak ako doma

Mal by si chodiť
po Tatrách
ako po vlastnej izbe —
a chodíš ako po ulici   *cudzieho mesta*

Akoby sme medzi sebou
niesli tabuľové sklo

akoby sa medzi nami
v chladnom vzduchu zalesklo

Резюме

Иллюстрированных изданий и фотоальбомов о Татрах имеется чрезвычайно много. Немало было и попыток „поэтического" видения и отображения этих высоких гор. Но нам кажется, что эта книга все же иная, своеобразная, особенная.

В настоящей книге нет путеводительных, описательных текстов, преодолена фактографичность, подчеркивается поэтически-оптическое впечатление. Нет притязания на полноту и суммарную информированность.

Йосеф Секал пишет фотографические стихотворения, экспонирует поэтические фотографии. Его главный замысел – нетрадиционность, отсутствие описательности – явная (и успешная) попытка схватить неподдельную скрытую поэтичность изображаемых объектов – изображаемого объекта – Татр. Свое отношение к ним он лапидарно определяет так: „Татры для меня магнит, который меня притягивает уже в течение 35 лет на расстоянии 600 километров."

И Войтех Кондрот, автор текстов этой книги, всегда имел и имеет к Татрам специфическое, своеобразное, особенное отношение...

Первый год своей жизни он прожил в Лысой-Поляне, на словацко-польской границе – в нескольких метрах от пограничной речки Бьела-Вода, у выхода из Бьеловодской долины, самой большой долины на севере Высоких Татр, будучи сыном таможенника. Еще и по этой причине он сюда (и вообще в Татры) все время возвращается, хотя уже знает, что смысл этих возвращений не так в нахождении, как в поисках – то есть в повторном ненахождении.

Татры – самые высокие горы Карпатской дуги – разделяются на Западные и Восточные. Восточные Татры образуют Высокие Татры и Бельянские Татры. На площади 260 квадратных километров протягивается от Лялиовой седловины на западе до Копской седловины на востоке главный хребет Высоких Татр, длина которого 26 километров. Самая большая ширина горной системы в направлении на север – юг 17 километров. Самая высокая вершина Герлаховски-Штит имеет высоту 2 655 метров.

Чем они сложены? Главным образом гранитом, частично кристаллическими сланцами и известняками. Образовались эти горы в палеозое, прошли многими переменами, особенно во время складкообразования в третичный период...

Благодаря своей таинственности, Татры издавна привлекали, хотя одновременно и пугали, различных людей. Браконьеров и охотников, собирателей лекарственных растений, искателей кладов и золотоискателей, географов, исследователей... а в наше время – альпинистов, лыжников, туристов, отдыхающих.

Вид на пики (издали) и камешек крупным планом – все это фотопоэзия Татр. Остановить, увековечить горный поток; продолжить короткое лето для цветка, даже позволить ему цвести всегда – и это умеет фотография, хорошая фотография.

От лугов аж до голых пиков! Европа в миниатюре. Изменчивость. Изменчивость климата. Погоды. Три-четыре времени года сразу – это вовсе не редкость. Сразу все времена года: без (летних) рубашек идем по (заснеженному) лугу, из-под которого вырываются (весенние) ручьи, а в нас уже опадает листва! Вот мы в солнечной, а через минуту – уже в сумрачной стране – так, как в сказке, так, как в жизни...

Кто первый протаптывал тропинку, кто по ней пройдет последний? Это не имеет значения; или же наоборот – имеет огромное значение! Как в известной словацкой народной сказке „О трех грошах". Когда король спрашивает у бедного человека, как он может прожить на три гроша, тот ему отвечает: „Как бы не так, на три, всего лишь на один! Потому что один я возвращаю своему отцу, а один одалживаю своему сыну."

Получать, одалживать, возвращать. В горах это правило имеет силу вдвойне. В опасных местах встречаются вкованные в скалы цепи, но более важна человеческая цепь: то, что я кому-то даю, он возвратит кому-нибудь другому. И так без конца – в горах каждый день все начинается сначала. Весь этот край полон людей, хотя их и не видно. И в горах самой главной является плоскость – стол на вершине. Вдруг осознаешь, сколько людей здесь побывало до тебя, сколько их придет после тебя.

В течение года Татры проведывает пять миллионов посетителей, и каждый приезжает сюда со своим представлением о них, и каждый уносит вниз, в свою жизнь, что-то другое, свое, своеобразное, неповторимое. (Приносить вверх свою неуверенность, а вниз сносить чужую уверенность!) Да, Татры отметят своей печатью каждого, отметим же и мы их – конечно же, только взглядами, впечатлениями; мы уносим их в себе – целиком, но не берем оттуда ни одного камешка! (Да, следует научиться ходить в Татрах, как в своей комнате, а не как по улице чужого города!) Давайте будем уносить с собою поэзию этой одной или двух недель в прозу жизни, продолжающуюся там, внизу в течение года. Давайте будем уносить в себе Татры. Будем учиться у них стоять, как пики. Здесь каждый идет сам за себя, здесь каждый должен (сам за себя) ступать, дышать и прилагать усилия, нет, здесь тебя не заменит никто другой! Здесь по каждой дороге ты должен пройти снова, сам и с самого начала... Но это уже не поэзия, не красота, это – философия, правда Татр.

Zusammenfassung

Es gibt schon unzählige Bildbände über die Tatra. Viele Photographen versuchten, dieses Hochgebirge „poetisch" zu sehen und festzuhalten. Doch, so scheint es uns, ist dieses Buch anders, einzigartig, unvergleichlich.

Es möchte keine ausführliche Information darlegen, deshalb verzichtet es auf Beschreibungen und Fakten, um so mehr legt es aber Wert auf den poetisch-optischen Eindruck.

Josef Sekal schafft Gedichte in Photographien, exponiert poetische Bilder. Sein grundlegendes Schaffensinteresse gilt dem Ungewöhnlichen, er versucht (mit Erfolg) das Ungefälschte, die verborgene Poesie der Objekte – der Tatra – festzuhalten, ohne dabei beschreibend zu wirken. Über seine Beziehung zu der Tatra gesteht er lapidar: „Die Tatra ist ein Magnet für mich, der mich schon seit fünfunddreißig Jahren aus einer Entfernung von 600 Kilometern heranlockt."

Auch Vojtech Kondrót, der Verfasser der Texte in diesem Buch, hat zu der Tatra eine einmalige Beziehung, die sein ganzes Leben bestimmt...

Sein erstes Lebensjahr verlebte er als Sohn eines Zollbeamten in Lysá Poľana, einem kleinen Ort an der tschechoslowakisch-polnischen Grenze, unweit vom Grenzfluß Biela voda, am Ausgang des größten Tales der Nordseite der Tatra – der Bielovodská dolina. Auch aus diesem Grund kehrt er hierher, und besonders in die Tatra, oft zurück, obwohl er weiß, daß der Sinn dieser Rückkehr nicht in den ist, was er findet, sondern in der Suche allein, d. h. in der wiederholten Nachforschung.

Die Tatra, das höchste Gebirge des Karpatenbogens, wird in die Westtatra und die Osttatra geteilt. Die Osttatra wird von der Hohen und der Belaer Tatra gebildet. Der Hauptkamm der Hohen Tatra erstreckt sich vom Sattel Ľaliové sedlo im Westen bis zum Sattel Kopské sedlo im Osten, auf einer Fläche von 260 Quadratkilometern und erreicht eine Länge von 26 Kilometern. Die größte Breite des Gebirges von Norden zum Süden ist 17 Kilometer. Der höchste Gipfel des Gebirges ist 2 655 m hoch. Voraus besteht die Tatra? Hauptsächlich ist sie aus Granit gebildet, zum Teil auch aus kristallinem Schiefer und Kalkstein. Sie entstand im Paläozoikum und erfuhr dann, besonders im Tertiär, als sich die Gebirge erhoben, viele Veränderungen.

Das Geheimnisvolle der Tatra zog seit jeher verschiedene Menschen an, wenn es auch zugleich in ihnen Furcht erweckte. Darunter waren wilderer und Jäger, Kräutersammler, Schatzsucher und Goldgräber, Geographen und Forscher – heute sind es Bergsteiger, Skiläufer, Touristen und Besucher.

Ein Blick auf die Tatra-Gipfel aus der Ferne sowie eine Detailaufnahme eines Tatra-Steines – das alles ist die photographische Poesie der Tatra. Den Strom eines Gebirgsbaches zu stoppen, für immer festzuhalten; den kurzen Sommer einer Blume zu verlängern, ja sie ewig blühen zu lassen – das vermag eine Photographie, eine gute Aufnahme.

Von Wiesen bis zu kahlen Gipfeln! Europa in einer Kleinausgabe. Veränderlichkeit. Veränderlichkeit des Klimas und des Wetters. Drei oder vier Jahreszeiten zugleich sind hier keine seltenheit. Alle vier Jahreszeiten zur gleichen Zeit: ohne (Sommer) Hemd steigt man auf einer (verschneiten) Wiese, von der die (Frühlings) Gewässer abfliessen – uns in uns fallen schon die Blätter herunter. Zuweilen sind wir in einer sonnigen und dann wieder gleich in einer schattigen Landschaft – so wie im Märchen, wie im Leben...

Wer machte als erster den Pfad, wer wird ihn als letzter betreten? Das spielt keine Rolle – oder doch, im Gegenteil: das spielt eine große Rolle! Wie in dem bekannten slowakischen Märchen Von drei Groschen. Als der König einen Armen fragte, wie er von drei Groschen leben könne, so antwortete dieser: „Ich lebe nicht von drei, sondern von einem einzigen! Den einen, nähmlich, zahle ich an meinen Vater zurück, den anderen wiederum borge ich meinem Sohn."

Zu bekommen, zu borgen, zurückzugeben. In den Bergen hat dies eine doppelte Gültigkeit. An den gefährlichen Stellen sind am Felsen Ketten angebracht – doch wichtiger scheint mir die menschliche Kette: das, was ich jemandem gebe, das wird er jemandem anderen weitergeben. Und so geht es ständig wie in einem Kreis – im Gebirge fängt alles jeden Tag vom Neuen an. Eine Landschaft voll von Menschen – obwohl man sie nicht sieht. Auch im Gebirge ist die Ebene am wichtigsten: ein Tisch auf dem Gipfel. Du denkst daran, wieviele hier vor dir standen und wieviele werden es nach dir sein.

Jährlich kommen fünf Millionen Besucher in die Tatra – und jeder kommt mit einer anderen Vorstellung, jeder nimmt sich etwas anderes für sein Leben da unten mit, etwas Einmaliges, Eigenartiges, Unwiederholbares. (Seine eigene Ungewißheit hinaufzutragen und die Gewißheiten anderer hinunterzunehmen?) Ja, die Tatra läßt in jedem von uns ihre Spur, also lassen wir auch die unsere in ihr – wenn auch nur mit Blicken und Erlebnissen; tragen wir sie im Herzen davon – als ein Ganzes und doch keinen einzigen Stein! (Wir müssen lernen, sich in der Tatra zu bewegen als ob es unser eigenes Zimmer wäre und nicht als wären wir in den Straßen einer fremden Stadt.) Die Poesie der Urlaubswoche oder zwei sollten wir in unseren Alltag dort unten mitbringen. Die Tatra bleibe in uns. Lernen wir von ihren Gipfeln zu beharren. Hier muß jeder für sich allein gehen, aufsteigen, atmen, sich mühsam zu bewegen, hier vertritt keiner keinen. Hier muß du jeden Weg erneut gehen, allein und ganz von Anfang an... Aber das ist doch nicht mehr die Poesie und Schönheit, sondern die Philosophie, die Wahrheit der Tatra.

Summary

There is an immense quantity of picture and photography books on the Tatras. There was also a number of attempts to see those mountains in a „poetic" way. We think, however, that this book is different, unique, has its own way.

There are no descriptive, guide-like texts in this book, factography is very limited, the stress is on poetic and visual impressions. It makes no claims to be thoroughly informative nor complete.

Josef Sekal creates poems in photography, exposes photographical poems. His basic ambition is to avoid being conventional and descriptive, it is apparent, that he tries very hard to catch the real — and hidden — meaning of things around him, in this case the Tatras. He defines his intimate relationship to those mountains: „The Tatras are for me a magnet that has been attracting me for 35 years from the distance of 600 kilometres."

Vojtech Kondrót who wrote the texts for this book also has a specific, unique and lifelong relation to the Tatras...

He spent the first years of his life in Lysá Poľana on the Slovak-Polish border, a few meters from the border river Biela voda (White Water) as the son of the customs officer. That is why he likes to come back there (and to the Tatras in general) again and again, even with the realization that the meaning of these returns is rather in seeking than in finding — which also means to live with the certainty of not being able to find the definite answer.

The Tatras — the highest mountain chain of the Carpathians — are divided into the West and East Tatras. The East Tatras are composed of the High Tatras and the Belá Tatras. The main ridge of the High Tatras stretches in a surface of 260 sq. kms. from the Lily Saddle in the west to Kopské Saddle in the east. The largest width in the north-south axis is 17 kms. The highest peak, Gerlach, is 2 655 meters high.

What are they of? Mainly of granite, partly of slate and limestone. They underwent many changes during their geological life, especially during the tertiary rock corrugation.

From time immemorial they attracted and frightened people living around. Poachers and hunters, herb gatherers, fortune seekers and gold diggers, geographers, adventurers... today mountain climbers, skiers, hikers, vacationers.

The view of the peaks (from afar) and a detail of a small stone, both make the photogenic beauty of the Tatras. To make the torrent stand still, to prolong the short summer of the flower, to let it bloom forever — it's the power of photography, of a good photography.

From the meadows up to the naked peaks! Europe on a miniature scale. Variability. Variability of climate. Of the weather. Three or even four seasons at a time are not out of ordinary. We walk shirtless up a (snow-covered) meadow that feeds (spring) torrents — and leaves are falling down inside of us! We find ourselves alternately on a sunny and a shady side... just as in a fairy tale, just as in life...

Who was the first one to walk the path, who will be the last one? It doesn't matter — or, on the contrary: It matters very much! As in a well-known Slovak fairy tale about three pennies. The king, upon asking a poor man how can he make a living by earning three pennies gets this answer: I don't need three pennies for my living, I only need one! Because I am returning the second to my father and lending the third to my son.

To get, to lend, to borrow: it's all the more vital in the mountains. Many dangerous places are often provided with chains fixed into the rock — but the human chain is even more important: what am I giving to somebody else will be passed on again and again to another human being. And it will continue round and round — in the mountains every day begins afresh. A countryside full of people — even if one can't see them. The plane, the flatness is important for mountains, too: a table on the hilltop. You realize how many people were here before, how many of them will come after you.

The Tatras have a visitors' rate of 5 million people per year — and for everyone they represent something else, everyone leaves with a specific image of them. (To carry up one's own hesitations and troubles, to bring down certitudes of others.) Yes, the Tatras leave a mark on everyone, let's leave our mark on them, too — not a material one, of course, let us leave a mark of our emotions and experiences; we should carry the Tatras away in us — tall as they stand, but not a pebble of them! (Yes, we should learn to walk in the Tatras like in a room of our own, not like upon the streets of an unknown city!) Let us carry the poetry of a week or two in the Tatras for the prose of the life down there. Let us carry the Tatras within us.

Let us learn from them to stand firm like their peaks. Here, everyone must go for himself, climb for himself, breathe for himself. It is the way you have to make again and again, alone and right from the start. But that is not poetry or beauty anymore — it is the philosophy, the truth of the Tatras.

Resumé

On connaît beaucoup de publications et de livres illustrés sur les Hautes Tatras. On connaît aussi plusieurs essais de présenter ces grandes montagnes de leur aspect poétique. Cependant, nous sommes d'avis que ce livre est pourtant un peu différent, originel, un livre à part.

On ne peut trouver dans ce livre des textes descriptifs, les faits sont supprimés, on met de l'accent sur l'impression poétique et optique. Le livre ne prétend pas la complexité.

Josef Sekal, auteur des photographies, est grand clerc en sa matière. Ses photographies sont pleines de poésie. Son intention fondamentale n'est point traditionaliste, point descriptive. C'est un effort évident, perpétuel (et réussi) d'approcher la beauté des Hautes Tatras. Il définit son attachement à la montagne par ces mots : Les Tatras m'attirent presque 35 ans de distance de 600 kilomètres.

Le poète Vojtech Kondrót, auteur des textes, est également un grand admirateur des Hautes Tatras. Il a vécu la première année de sa vie à la frontière slovaco-polonaise, quelques mètres d'une petite rivière frontalière Biela voda. Le fils d'un douanier, il aime son pays natal avant tout, il y revient encore et toujours pour y chercher et trouver la source éternelle de son inspiration poétique.

Les Hautes Tatras, les plus hautes montagnes du Relief Carpathique, se divisent en Tatras d'Ouest et Tatras de l'Est. Ces dernières se composent de Hautes Tatras et de Belianske Tatras. A la surface de 260 kilomètres carrés, la crête principale s'étend en longueur de 26 kilomètres entre le Col de lis et le Col Kopské. La plus grande largeur en direction Nord-Sud est 17 kilomètres. Le sommet le plus haut est le Pic Gerlach, haut de 2 655 mètres. Ces massifs de granit, d'ardoise, de calcaire datent de primaire et ont subi plusieurs modifications et transformations, surtout des plissements du tertiaire.

Depuis toujours, ces montagnes ont exercé une puissante attraction sur les différentes personnes — braconniers, chasseurs, herboristes, chercheurs de trésors, chercheurs d'or, géographes, savants... à présent, se sont surtout les alpinistes, skieurs, touristes, vacanciers.

Regarder les pics (de lointain), c'est une véritable poésie. Une photographie réussie peut immortaliser le torrent, peut prolonger la brève durée d'une fleur épanouie.

Les prairies, les pics nus! Europe en détail. Variations. Changement de climat, de temps. Trois, quatre saisons à la fois — rien d'extraordinaire! Comme dans un conte de fée, comme dans la vie...

Qui était celui qui a battu le premier sentier et qui sera le dernier? N'importe — ou au contraire — c'est très important! C'est comme dans un conte de fée populaire slovaque très connu *De trois sous.* Le roi a demandé à un homme pauvre comment il peut exister de trois sous. Le pauvre lui a répondu : „De trois? Pas du tout! Il ne me reste qu'un à vivre. Un sous je rends à mon père et le second je prête à mon fils!"

Obtenir, rendre, prêter!

Cette devise est indiscutable quand il s'agit de montagnes. Car on a besoin de chaînes d'attache dans les endroits dangereux. Cependant beaucoup plus importants sont la camaraderie et le secours mutuel.

Cinq millions de visiteurs de notre pays et de pays voisins arrivent toutes les années dans les Hautes Tatras. Chacun d'eux vient avec ses propres idées, cherche et trouve ses propres impressions. Chacun d'eux est en admiration devant ces massifs imposants.

Et qu'est-ce qui est nécessaire en premier lieu? La réponse — il faut s'y prendre comme dans sa propre chambre et non comme dans les rues d'une ville étrangère. Dans les montagnes, chaque visiteur, chaque touriste doit respecter les règles, les lois de la nature et dans le cas de besoin il faut tendre la main secourable à son voisin.

Enfin, ce n'est pas déjà la poésie, la beauté — c'est la philosophie, c'est la vérité de Hautes Tatras.

Resumé

A Tátráról számos fényképes kiadvány létezik. Sokan próbálták „költői" szemmel is vizsgálni, megformálni a hegyóriást. Ez a könyv azonban más; sajátos, egyedi.

Hiányoznak belőle a leíró, kísérő szövegek, a tények, adatok meghúzódnak a háttérben, a költői-optikai hatás domborodik ki benne. A könyvet a szerzők a teljesség és a kimerítő tájékoztatottság igénye nélkül állították össze.

Josef Sekal fényképes verseket ír és költői fényképeket exponál. Szerzői szándékának alapja a nem csupán leíró, új meglátás és az arra való törekvés (sikeres), hogy megragadja, felfedezze a Tátra hamisítatlan, rejtett költőiességét. A Tátrához fűződő viszonyát a fényképész tömören a következőképp határozta meg: „A Tátra mágneses erő, amely már 35 éve vonz, húz magához 600 kilométeres távolságból."

A szövegek íróját, Vojtech Kondrót költőt is különleges, sajátos, egy életre kiható viszony fűzi a Tátrához. Élete első évét a pénzügyőr-vámőr édesapa révén a szlovák-lengyel határfaluban Lysá Poľanában töltötte, néhány méterre a határt képező Biela voda (Fehér víz) folyócskától, a Magas-Tátra északi része legnagyobb völgyének, a Bielovodská dolina torkolatában. Ide, (és általában a Tátrába) nagyon gyakran vissza-visszatér annak ellenére, hogy már tudja, visszatéréseinek értelme nem is annyira a rátalálásban, mint inkább a keresésben — vagyis az ismételt nem rátalálásban van.

A Tátra, a Kárpátok ívének legmagasabb hegysége, nyugati és keleti részre osztódik. A keleti részt a Magas-Tátra és a Belianske Tatry alkotja. 260 négyzetkilométeres területen egy 26 kilométer hosszú hegygerinc — kiindulva nyugaton a Ľaliové sedlo-tól (Liliom nyereg) végezve keleten a Kopské sedlo-val (Kopi nyereg) — képezi a Magas-Tátra fő hegygerincét. A hegység legszélesebb része észak-déli irányban 17 kilométer, legmagasabb csúcsa a Gerlach csúcs 2 655 méter magas.

Miből vannak a hegyei? Főleg gránitból, de palakő és mészkő keverékéből is. Az őshegységben keletkeztek és sok-sok változá-son mentek keresztül az évezredek folyamán. Titokzatosságukkal már régóta vonzzák a különféle embereket- -orvvadászokat és vadászokat, gyógynövény-gyűjtőket, kincskeresőket és aranyásókat, földrajztudósokat és kutatókat, manapság pedig a hegymászókat, és sízőket, túristákat és üdülőket — de egyúttal félelmet és tiszteletet is keltenek bennük.

A csúcsok látványa (távolból), de egy kövecske kinagyított részlete is magában foglalja a Tátra fényképes költészetét. Megállítani, megörökíteni a hegyi patak csordogálását, meghosszabítani a virág rövid nyarát, vagy akár örökké is hagyni virágozni — erre is képes a fénykép, a jó fénykép.

A legelőktől a kopár csúcsokig — minden megtalálható itt. Európa kicsiben. Változékonyság, a légkör változékonysága. Az időjárásé. Három-négy évszak egyidőben van itt jelen és az ilyesmi nem számít különlegességnek. Egyidőben valamennyi évszak: levetjük (lenge) ingünket, lépegetünk a (havas) réten, amelynek pázsitja alatt már bugyog a sebes (tavaszi) hegyipatak — miközben bennünk életünk fája a levelét hullajtja! Egyszer napsütötte, máskor árnyékos vidéket járunk — úgy, mint a mesében, úgy, mint az életben...

Ki taposta elsőként az ösvényt és ki fog rajta utolsóként végigmenni? De ezen ne múljon. Vagy igenis nagyon fontos, hogy ki? Mint A három garas című közismert szlovák népmesében. Amikor a király azt kérdezte a szegény embertől, hogyan tud megélni három garasból, szerényen azt válaszolta neki, dehogyis háromból, csupán egyből! Egy garassal törlesztem az adósságom — visszaadom apámnak, és egy garast kölcsönzök a fiamnak.

Kapni, kölcsönözni, törleszteni. A hegyekben ezek a kapcsolatok hatványozottan kiéleződnek. A veszélyes helyeken a sziklákba vasláncokat vasaltak, ezeknél viszont sokkal erősebb, fontosabb az emberi lánc; a tőlem kapott segítséget valaki másnak viszonozzák, annak, akinek arra épp szüksége van. Körbe-körbe, a hegyekben nap mint nap előlről kezdődik minden. Emberekkel van teli a vidék — ha nem is látni őket. A hegyekben is legfontosabb a síkság — az asztal a csúcson. Ott tudatosítod csak, mennyien jártak itt előtted, és mennyien látogatnak ide, miután elmész.

Évente ötmillió ember látogatja a Tátrát; valamennyien más-más elképzeléssel jönnek a hegyekbe és valamennyien egyedi, jellegzetes, megismételhetetlen élményt visznek magukkal. (Felvinni saját bizonytalanságainkat és lehozni az idegen, mások bizonyosságait!) Igen, a Tátra mindenkiben nyomot hagy, hagyjunk nyomot csúcsaiban mi is — természetesen csak a tekintetünkkel. Vigyük magunkkal az élményeket, de egy kavicsot se a csúcsokból! (Igen, tanuljunk meg úgy járni a Magas-Tátrában mint saját otthonunkban és nem mint az idegen város utcáján!) Vigyük magunkkal a hegyekben töltött egy vagy két hét költőiségét oda le, a hétköznapi élet prózaiságába. Zárjuk magunkba a Tátrát. Tanuljunk délceg kiállást a csúcsoktól. Ott, a hegyekben lépned kell, ha haladni akarsz, fáradozni, keményen dolgozni, ott minden utat újra kell járnod, egyedül, és az elejétől a végéig... De ez már nem a Tátra költőiessége, szépsége — hanem annak bölcsessége, igazsága.

Resumé

Ilustrowanych publikacji i albumów fotograficznych poświęconych Tatrom jest bardzo wiele. Niemało też było prób utrwalenia poetyckiej wizji tych gór. Ta książka wydaje się jednak inna, swoista, indywidualna.

Brakuje tu — typowych dla przewodników — tekstów opisowych, mało jest danych faktograficznych, podkreślony natomiast został aspekt poetycko-wizualny. Książka nie jest zamierzona jako kompletny i wszechstronny informator.

Josef Sekal pisze swymi fotografiami poematy, eksponuje poetyckie obrazy. Głównym zamierzeniem artystycznym jest nietradycyjność, neopisowość. Z powodzeniem podejmowana jest próba uchwycenia niekłamanej wewnętrznej poezji przedstawianych obiektów — przedstawianego obiektu: Tatr. Swój stosunek do nich artysta definiuje lapidarnie: „Tatry są magnesem, który przyciąga mnie już od 35 lat z odległości 600 kilometrów.“
Także Vojtecha Kondróta, autora tekstów, łączą z Tatrami specyficzne, osobiste związki...
Pierwszy rok życia spędził (jako syn celnika) w Łysej Polanie, na granicy polsko-słowackiej — kilka kroków od pogranicznej rzeczki Białej Wody u wrót Doliny Białej Wody, największej doliny na północy Tatr Wysokich. Także dlatego ciągle tu (i do Tatr w ogóle) wraca, nawet wiedząc, że sens tych powrotów tkwi nie tyle w znajdowaniu, ile raczej w poszukiwaniu — a więc w powtarzającym się nieznajdowaniu.
Tatry — najwyższy masyw pasma karpackiego — dzielą się na Zachodnie i Wschodnie. Na Tatry Wschodnie składają się Tatry Wysokie i Bielskie. Na powierzchni 260 kilometrów kwadratowych, od Liliowego (Ľaliové sedlo) na zachodzie, po Przełęcz pod Kopą (Kopské sedlo) na wschodzie, rozciąga się 26 kilometrowy główny łańcuch Tatr Wysokich. Największa

szerokość łańcucha w kierunku północ-południe wynosi 17 kilometrów. Najvyższy szczyt, Gerlach, mierzy 2 655 metrów.

Z czego są zbudowane? Głównie z granitu, częściowo też z krystalicznych łupków i wapieni. Powstały w paleozoiku, przeszły wiele przeobrażeń, zwłaszcza podczas trzeciorzędowego sfałdowania...

Swoją tajemniezością Tatry od dawna przyciągały, niekiedy równocześnie przerażając, różnych ludzi. Kłusowników i myśliwych, zbieraczy ziół, poszukiwaczy skarbów i żył złota, geografów, badaczy..., dziś taterników, narciarzy, turystów, wczasowiczów.

Poezja Tatr to w równym stopniu sfotografowany widok szczytów (z daleka), jak i szczegółowe ujęcie kamyka. Zatrzymać, uwiecznić bieg potoku, przedłużyć krótkie lato kwiatu albo i pozwolić mu kwitnąć już zawsze — nawet takich cudów może dokonywać fotografia, dobra fotografia.

Od łąk po nagie szczyty! Europa w miniaturze. Zmienność. Zmienność klimatu. Pogody. Trzy-cztery pory roku naraz nie są tu czymś dziwnym. Wszystkie cztery pory roku równocześnie: bez (letnich) koszul stąpamy po (pokrytej śniegiem) łące, spod której wytryskują (wiosenne) ruczaje — a w nas już melancholia jesieni! Chwilę jesteśmy w słonecznej, chwilę w cienistej krainie — tak jak w baśni, tak jak w życiu...

Kto pierwszy wydeptywał ścieżkę, kto nią pójdzie ostatni? To nie ma znaczenia — albo może wręcz przeciwnie: ma ogromne! Jak w znanej słowackiej baśni ludowej „O trzech groszach”. Kiedy król zapytał biednego człowieka, jak mu się udaje wyżyć z trzech groszy, ten odpowiedział: „Gdzieżby tam z trzech, żyję z jednego! Jeden grosz oddaję — mojemu ojcu, a jeden pożyczam — swojemu synowi.“

Dostawać, pożyczać, oddawać. W górach to się sprawdza podwójnie. W niebezpiecznych miejscach do skał przykute są łańcuchy, ważniejszy jednak jest łańcuch ludzi: to, co ja komuś daję, on zwróci komuś innemu. I tak bez końca — w górach z każdym dniem wszystko zaczyna się od nowa. Kraina pełna ludzi — nawet jeśli ich nie widać. Także w górach najważniejsza jest płaszczyzna: płaczczyzna porozumienia, wspólny stół na szczycie. Pomyśl, ilu tu było przed tobą, ilu przyjdzie po tobie.

Rocznie odwiedza Tatry pięć milionów gości — a każdy przychodzi z innymi wyobrażeniami o nich i każdy zabiera ze sobą w dół coś innego, własnego, niepowtarzalnego. (Wynosić w górę swoje zwątpienia, rozterki, a wracać z nową, nieznaną dotąd siłą wewnętrzną!) Tak, Tatry naznaczą każdego, naznaczmy je i my — oczywiście tylko spojrzeniami, przeżyciami; zabierzmy je w sobie całe, ale ani jednego pojedynczego kamienia! (Tak, nauczmy się chodzić po Tatrach jak po własnym pokoju, a nie tak po ulicy obcego miasta!) Zanieśmy w sobie poezję tego tygodnia czy dwóch w prozę całorocznego życia tam, w dole. Nośmy Tatry w sobie. Nauczmy się od nich siły, nieugiętości. Tu każdy odpowiada za siebie, tu musi każdy (sam za siebie) stąpać, oddychać i męczyć się, nie, tu nikt cię nie zastąpi! Tu każdą drogę musisz przejść znowu, od zupełnego początku, sam... Ale to już nie jest poezja, piękno — ale filozofia, prawda Tatr.

JOSEF SEKAL
POÉZIA TATIER

ČSTK-PRESSFOTO

**Vydalo vydavateľstvo ČSTK-Pressfoto v Bratislave
ako svoju 279. publikáciu.**

Vydanie prvé.
Rok vydania 1989.
Mimo edície.
Tematická skupina 09.
Autor textov: Vojtech Kondrót. Autor fotografií: Josef Sekal.
Prebal, väzbu a grafickú úpravu navrhol František Obešlo.
Zodpovedná redaktorka: Jana Raslavská.
Technická redaktorka: Zuzana Kočvarová.

AH 19,09 (próza 1,26, poézia 0,15, fotografie 17,68) VH 19,17
Náklad: 22 000.
Tlač: Tlačiarne SNP, š. p., závod Neografia, Martin.

Cena: Kčs 66,−

ISBN 80-226-0002-4